De Regreso a lo

Organico

Una Vida de Impacto

ISBN: 9798575071020

Imprint: Independently published by Editorial MMEC

¿Alguna vez has considerado, ANALIZADO, PENSANDO la palabra ORGANICO?

Si

NO

Un Poco

LA PORTA DE ESTE LIBRO

La manzana en portada es símbolo de lo orgánico en la vida. Es una invitación DE REGRESO A LO ORGANICO.

LA MANO QUE ROMPE EN IMAGEN ES SIMBOLO DE AQUELLOS QUE TIENEN EL VALOR DE CAMBIAR SU Y TU ESTILO DE VIDA INMEDIATAMENTE.

EL CARTON DE DONDE sale la mano es símbolo de la sociedad que nos ha esclavizado o sus sistemas, engaños, políticas QUE HEMOS CREIDO que solo son CARTON, UN MUNDO ARTIFICIAL.

EL CARTON Igual invita a dejar de destruir nuestro Planeta volviendo a amar a nuestro único hogar EL PLANETA.

Secciones

- ✓ Introduccion
- ✓ NO podemos SEGUIR
- ✓ Vida a Otro Nivel
- ✓ Tipo de Mentalidad
- ✓ Estado Enfermo
- ✓ Mi propuesta Politica
- ✓ Energia Cuantica
- ✓ El Poder de la Felicidad
- ✓ El secreto de las dos A's
- ✓ La ley de la abundancia
- ✓ Soy Vegetariano
- ✓ El Concepto Verde
- ✓ El Poder de lo Oganico
- ✓ Tipos de Vegetarianos
- ✓ Natural no encapsulado
- ✓ Temperancia
- ✓ El Plan Original
- ✓ El Pescado y comida marítima
- ✓ Beneficios Sociales
- ✓ Los animales
- ✓ Menos Gastos Gubernamentales

- ✓ El Medio Ambiente
- ✓ Ama el Planeta

El Autor

Agradecimiento a Dios por dejarme existir en este maravilloso PLANETA TIERRA.

Reconocimientos

Gracias a todos mis mentores en nutrición. Ever Balandran. Doctora Norma Chavez. Sra. E White. Tony Robbins. Tomas Martin. T. Houteff. Familia Lopez. Margarita Anguiano. Libros de salud, nutrición, espiritualidad, medio ambiente, habitos, orgánico etc.

¿Ya te comiste UNA Manzana hoy?

Introduccion

Propuesta:

Salud es Riqueza – Houteff

Despertando Consciencia:

El problema es que los consumidores escogen lo que comen según lo que les gusta y eso puede cambiar con frecuencia pero casi nunca tiene en cuenta el impacto sobre el cambio climático.

De acuerdo con eso, podemos decir que una dieta vegetariana sí ofrece una reducción en la huella de carbono. Pero también nos muestra que las millas de transporte de los alimentos y la distribución global pueden ser el menor de nuestros problemas. – CNN en español.

Deseo con este libro para ti lector:

Deseo que prosperes en todas las cosas, como prospera tu alma y que tengas salud... - 3 Juan 2. La Biblia.

Antes de entrar al tema del MUNDO ORGANICO, Te pregunto ¿que deseas obtener de esta experiencia? Favor escríbelo antes de leer el libro y regresa a ello depues de leer y revisa si lo lograstes o cambiastes de opinión.

Escribe

_____

_____

_____

_____

_____

¿Sabias que la Manzana es mejor que tener un doctor de cabecera?

No podemos
SEGUIR

Los tiempos son difíciles en toda dirección social, económica, espiritual, familiar, profesional o vacacional, empresarial y sobre todo personal nos exigen una *buena salud* para poder vivir estos tiempos y no solo hablo de salud física sino ESPIRITUAL, EMOCIONAL, FISICA, MENTAL, SOCIAL, FAMILIAR Y FINANCIERA.

Simplemente creo todo mejora con salud. Por lo tanto, estoy aquí para inspirarte a vivir saludable para que todas las otras areas seran fructiferas.

Yo no promuevo seguir la salud para sanar, yo creo en usar la salud para vivir o prevenir la enfermedad. Un concepto totalmente diferente a muchos que hablan del tema.

Por muchos años me negué a escribir un libro sobre salud, pero los años han pasado y mis colegas, seguidores, clientes en mentoria, audiencias de conferenias y personas que han escuchado mi historia del porque soy vegetariano me han pedido, hasta cierto punto rogado que lo ponga en un libro y bajo esa motivación aquí estoy hoy escribiendo y terminándolo.

He leído muchos libros, muchos sobre todo lo relacionado al tema de salud pero él libro titulado "Back to Eden" en inglés me dio ese empujón a que avanzara con él mío, ya que aunque suena contradictorio al pensar o hablar de la muerte leí la historia del autor y de sus hijos y nietos ahora qué él está muerto el como ellos agradecen a su abuelo o padre por su libro y vida en el tema, me dije: "Miguel un dia te vas de está tierra igual que todos y nunca escribiste él libro sobre salud, así qué me anime y aquí estoy compartiendo, Mi historia, mi experiencia, mis conceptos, mis propuestas a la sociedad y aun al gobierno e instituciones de salud" deseando de corazón qué Dios use esto para llevarte a ti por "mejores caminos" en la gran riqueza llamada salud.

Recuerdo que un dia me preguntaron lo qué te voy a preguntar a ti: ¿Qué es más importante, Dinero, Amor o Salud? Me llevo años contestar esa pregunta, pero hoy te puedo asegurar por experiencia qué nada importa, aunque tengas dinero, amor, creencia en Dios SÍ NO TIENES SALUD nada te servirá o NADA podrás disfrutar.

Ahora yo te pregunto y contesta ¿qué es más importante para ti sí pudieras escoger en este instante, Salud, Amor o Dinero?

¿Cuanto tiempo de tu vida le has dedicado al tema de salud?

Poco Mas o menos Mucho

Porque es importante para ti este tema:

_____
_____
_____
_____
_____
_____
_____
_____
_____
_____

Las manzanas tienen mucha fibra, comete una hoy.

VIDA a Otro NIVEL

MUCHOS han leído mis otros libros en #MMEC sin embargo sí estás leyendo mi libro NUEVO es porque estás con él deseo de *ser Más Productivo, Más exitoso, Más feliz e influyente y sobre todo MÁS SALUDABLE.*

Te digo de entrada que ES POSIBLE Y EMPIEZA TODO AQUÍ, estás paginas llevan vida, inspiracion y PODER para regenerar en ti una nueva vida. ES tiempo de regresar a lo **ORGANICO.**

> ✓ La perfección no puede lograrse, pero mientras perseguimos esta perfección podemos alcanzar la excelencia" - Vince Lombardi

Sin embargo, sí estás son tus razones tengo qué decirte qué es posible solo

SI aceptas él concepto de VIVIR a Otro Nivel., otro nivel es la diferencia entre bueno y excelente, entre productivo y eficiente. Otro nivel es el único lugar que te dará la autoridad de ser totalmente diferente a la mayoría y el poder de PRODUCIR muy por encima de una vida standard.

OTRO NIVEL requiere que despiertes conciencia de tus oportunidades, de qué tomes responsabilidad propia qué es lo que muchos no toman y se hunden en él afan de salir de la enfermedad por no ser responsables y sensatos.

✓ La única persona que estás destinada a ser es la persona que te decidas ser" - Ralph Waldo Emerson

Saber Posicionar las energías y él poder de la mente para una buena salud es VIVIR a Otro Nivel.

Sí deseas entonces entrar a este mundo debes anelar vivir, posicionarte inmediatamente a otro Nivel en tu mente.

Sigue estos pasos para lograrlo:

- ✓ Estar descontento con condicion actual
- ✓ Responsabilizarte a malos hábitos
- ✓ Organizar tus prioridades en la vida.
- ✓ Dedicación a la vida higiénica
- ✓ Planificar estilo de vida qué se desea a los 80,90, 101.
- ✓ Asegurar una inversión Elevada Visión.
- ✓ Comer por salud no por gusto.
- ✓ Usar la naturaleza como nutrición.
- ✓ Establecer vida espiritual.
- ✓ Regresar a lo básico.

¿Que punto de este capítulo te puso a reflexionar y por que?

_____

_____

_____

_____

_____

_____

_____

_____

_____

_____

Escribe la lista de cosas que implementaras inmediatamente para mantener, recuperar o cuidar tu salud:

_____

_____

_____

_____

_____

_____

_____

_____

_____

_____

¿Quien te gustaría que fuera contigo a Otro Nivel en este estilo de vida? Escribe nombre y comprometete que le hablaras, llamaras, escribiras o enviaras un texto hoy.

Nombre:

_____

La manzana NUTRE el Cerebro
inmediatamente

Tipo de mentalidad

De 1-10 ¿Cómo esta tu mente, mala, sana, excelente y productiva?

1-5 mas o menos. 5-7 Bueno. 7-10 Excelente.

#_____

"Quiero tener una mejore vida" dicen muchos, pero no saben como. Otros dicen "con la ayuda de Dios seré feliz" pero No Saben cómo. Otros quieren lo mejor pero NO saben donde empezar. En la falta de claridad para uno hay enferemdad. En la ignorancia hay limitaciones. Debilidades en la falta de compromiso.

La Mente es él trono de donde funciona todo lo bueno y malo. Es desde la mente qué podemos dirigir una excelente salud y por lo tanto la importancia de ella requerida es total y fundamental para una vida abundante. LA MENTE debe ser cauterizada a un nivel ELEVADO para que ella influencie en la vida de todo individuo.

✓ La mente y el cuerpo son aliados poderosos. Su forma de pensar puede afectar la forma en que se siente. Y cómo se siente puede afectar su pensamiento.

Este tema parece cliché, pero no lo es, las personas aún no saben usar su propia mente. Vemos cómo son manipulados por politicas, religiones, productos y medicamentos cómo también muy común por interpretaciones de enfermedades a la qué se sumergen masas sin cuestionar nada, todo por NO saber usar su propia mente y NO poder crear y NO poseer una opinión propia....

- ✓ Un ejemplo de esta conexión del cuerpo con la mente es cómo responde su cuerpo al estrés. La preocupación constante y el estrés sobre el empleo, las finanzas u otros problemas pueden causar músculos tensos, dolor, dolores de cabeza y problemas de estómago. También puede ocasionar presión arterial alta u otros graves problemas. – Organicion Cigna

Por lo tanto, habiendo analizado él proceso cognitivo del humano y por mi propia experiencia se qué hay códigos qué descubiertos potencializan él poder en cada ser humano en especial nuestra mente es de esta manera que regresamos a lo ORGANICO.

✔ ¿Cómo afectan sus pensamientos y sentimientos a su salud? Su cerebro produce sustancias que pueden mejorar su salud. Estas sustancias incluyen las endorfinas, que son analgésicos naturales, y la gamma globulina, que refuerza su sistema inmunitario. – Cigna

Mi sistema, formato y fórmula para una mente sana, lúcida, útil y inteligencia despierta y direccionada es ser ORGÁNICO EN TODO. Tenemos Ejemplos de ello, al famoso Eistein, Buda, Natalie Portman. Stella McCartney, Woody Harrelson, Pink, Paul McCartney, Carlos Santana, Morrissey y más QUIENES han regresado a lo organico, a lo verde, al vegetarianismo, veganismo, organico, crudismo, a la tierra. Solo faltas #Faltastu

EN lo personal El poder de mi mente con una conciencia bien despierta, la capacidad qué he desarrollado se lo *acreditó a una elección de mi propio estilo de vida, conciencia a mi salud y una nutrición vegetariana.* De allí nace mi historia cómo autor y mentor en la organización mundial MMEC hoy día. Conoce más de mi en www.miguelmartin.info y de MMEC en www.miguelmartineducationcenter.com

3 tipos de mentes en este tema:

✓ Mente mediocre

La mente que se limita asi misma. No puedo. Esto es difícil. No se puede. Todo lo hace a M E D I A S POR ESO ES MENTE MEDIOCRE.

✓ Mente Abundante

Esta es la mente que reconoce su poder, dirige su vida y utiliza todas las facultades que posee. SABE QUE POSEE SU PROPIA ESENCIA Y ENERGIA PARA VIVIR LIBRE Y FELIZ.

✓ Mente Enferma

Se imagina, CREE, PIENSA que todo esta mal, que nadie lo quiere, la vida es una miseria y por ende tiene una vida, físico y condición enferma. Esta mente es maestra en enfermedades emocionales, psíquicas, espirituales.

¿Qué mente posees, cual?

✓ Las investigaciones muestran que lo que su cerebro produce depende en parte de sus pensamientos, sentimientos y expectativas. Si está enfermo pero tiene esperanza y una actitud positiva y cree que mejorará, su cerebro probablemente produzca sustancias químicas que incrementarán el poder de curación de su cuerpo. – Cigna

De 1-10 ¿A que numero deseas elevar el estado de tu mente? 1-5 mas o menos. 5-7 Bueno. 7-10 Excelente.

#_____

Escribe la palabra: _____

La manzana VERDE quita dolores cabeza

Estado Enfermo

Contesta:

¿Vas al medico seguido? Si o No

¿Cuantas veces al año vas al hospital?

_____

_____

_____

¿Estas   cansado   con   alguna
enfermedad?

_____

_____

_____

¿Te consideras sano?

Si O No

Mi historia. Cómo muchos me enfermaban de todo. Si de todo. Sí muy vivía enfermo y físicamente débil. Un problema qué recuerdo constante era él dolor de cabeza, en mi caso migraña constante no se me quitaba hasta qué le puse atención a mi salud.

✓ El tiempo y la salud son dos activos valiosos que no reconocemos ni apreciamos hasta que se agotan. – Denis Waitley.

Varias veces terminé en él hospital solo por tener alergias a ciertos climas y cada vez qué iba me decían qué no podían hacer nada por mi, qué descansara y tomara líquidos, pero todo lo superé cuando cambié mi dieta a una dieta Orgánica.

✓ El doctor del futuro no tratará más al ser humano con drogas; curará y prevendrá las enfermedades con la nutrición. - Thomas Edison.

Vivía en un mundo de depresión, siempre triste y confuso hasta qué descubrí él poder del agua, ejercicio y lo verde. Hasta qué le di importancia a lo básico mi vida enferma, CAMBIO.

- ✓ En relación con el nexo existente entre la alimentación, el mantenimiento de la salud y el desarrollo de enfermedadescrónicas, se ha acumulado una considerable evidencia cien-tífica en los últimos años. Muchas de las causas actuales demortalidad están íntimamente asociadas a factores de riesgo evitables, como una alimentación desequilibrada, la obesi-dad, el sedentarismo, el tabaquismo y el consumo de alcohol. -

Servicio de Endocrinología y Nutrición. Hospital Universitario Reina Sofía. Córdoba. España.Correspondencia: Dr. A.J. Calaña

Tenía problemas serios de memoria, no retenía información básica y se me olvidaban datos importantes y esto era vergonzoso, pero allí estaba hasta qué comprendí como alimentar mi mente en dos fases:

- Psicológicamente, en esta área tanto lo que escuchaba, aprendí y le creía a la gente, pero también el dialogo interno extremadamente negativo que mantenía.

- Nutricionalmente. No le daba importancia o mejor dicho no sabia la importancia del oxigeno fresco, el evitar tener una vida sendentaria y la nutrición que necesitaba como el agua, gotu cola, jugos verdes, polen de abeja etc.

Desde pequeño me declararon con problemas pulmonares y vivi con ello por décadas sin poder hacer mucho hasta qué descubrí qué él problema era hereditario y estacional pero sí yo retomaba mi salud podría salir, recuperarme y desde ese entonces problema superado.

Vivia estreñido y constante hemoroides quien sabe de esto sabe qué es doloroso e incómodo además de vergonzoso, pero lo supere al cambiar mi dieta alimenticia.

✓ En concreto, 5 de los 10 factores de riesgo identificados por la Organización Mundial de la Salud (OMS)1como cla-ves para el desarrollo de enfermedades crónicas están estre-chamente relacionados con la alimentación y el ejercicio físico. Estos 5 factores son: hipercolesterolemia, obesidad, sedentarismo, hipertensión arterial y consumo insuficientede frutas y verduras.

- Servicio de Endocrinología y Nutrición. Hospital Universitario Reina Sofía. Córdoba. España. Correspondencia: Dr. A.J. Calaña

Lamentablemente nuestra sociedad qué profesa tanto avance e intelectualidad es ignorante NO sabe qué la enfermedad no es un destino o casual SINO Falta de salud, falta de nutrición, falta de vivir orgánicamente, pero insiste en ser Artificial, comida procesa y vitaminas embotellas una estupidez de la más grande y ofensiva al creador de la salud qué nos dio todo para ser saludables al poder tener acceso a ello directamente. Debemos regresar a lo ORGANICO.

¿Cual es tu excusa para NO estar saludable Y ORGAGNICO?

¿Que tan seguido te enfermas?

_____

_____

_____

_____

_____

¿Qué usas cuando te enfermas medicamentos o recursos organicos?

_____

_____

_____

_____

¿Qué productos, nutrición o hierbas utlizaras para mantener o cuidar tu salud?

_____

_____

_____

_____

_____

Una manzana quita el hambre en
especial en la noche

Mi posición Politica sobre salud

¿Cuál es tu posición política sobre el tema de salud?

_____

_____

¿Por qué tienes esa posición es por religión, ancestros, cultura o educación?

_____

_____

¿Es productiva tu creencia sobre los recursos, leyes, relación a instituciones de salud?

Si   No   No se

Se dijo que: "El medico no debe tratar el mal, sino al paciente que padece el mal" – Maimonides profundas palabras y meritas de analizarlo para nuestro propio bien.

Aquí te va mi posición política. NO necesitamos más gobierno, más hospitales, más seguros, más clinicas, más leyes sanitarias para tener salud, esto es mentira de mentiras. *Lo qué necesitamos es dejar la rebeldía a lo natural a lo simple y regrear a lo orgánico.*

No necesitamos mas gobierno o políticos promovederos de sus propios intereses. Lo qué necesitamos son educadores de salud, promotores de lo verde.

No necesitamos mas medicamentos y farmacias, la fuente mas grande envenenamiento quimico, antinatural. Necesitamos evangelistas de lo orgánico, maestros de la madre naturaleza. Campos llenos de granos.

No necitamos gente moralista ni tiendas que supuestamente promueven nutrición a la comunidad. Necesitamos maestros de agronomía que ayuden a educar a la gente a regresar al campo y usar sus productos naturales.

No necesitamos mas visionarios de nuevas tecnologías futuristas que están creando cada vez mas un mundo totalmente "artificial" necesitamos maestros de los beneficios de la tierra, del aire, de las plantas etc.

No necesitamos mas agentes de seguros de salud ni organizaciones que hacen negocio de ello. NECESITAMOS GENTE CONSCIENTE DE LO NATURAL AQUÍ Y AHORA.

Además qué la mayoría de gente qué traza leyes de salud son alcoholicos, VICIOSOS, INTEMPERANTES si me refiero a los políticos, empleados gubernamentales, doctores, enfermeras, lideres de organizaciones de seguros, lideres comunitarios, activistas y mas cómo esperas qué promuevan leyes, conocimiento a favor de lo natural y organico.

En adicion a esto los qué trazan leyes de salud están comprometidos con aquellos qué promueven las carnes, medicamentos, y recursos médicos con ganancias billonarias ¿crees qué ellos te recomendarán tomar agua, que comas natural y abedecer las layes de salud viviendo orgánicamente? Jamas. Imposible.

Dijo el maestro de maestro. "No puedes esperar, sacar agua dulce de un manantial amargo." "No puede un árbol malo dar buenos frutos" – Jesucristo. Si no me crees solo ve a sus fiestas, celebraciones y sus famosas happy hours y podras leer el verdadero corazón de la mayoría de ellos. Y desde el punto de que quieren hacer o comer es su elección y problema, pero cuando se vuelven los referentes, legisladores para los demás, para nuestros países, escuelas etc., entonces es donde repetiré lo que ya he dicho.

Lamatablemente nuestra sociedad ha sido infectada con una hipocrecia social en estos y mas temas y se traga lo que les den sin pregutnar ¿es bueno para mi salud? lo dijo lindamente expreado Elena de White "La generación actual le ha confiado sus cuerpos a los médicos y sus almas a los ministros...consultan al medico, creen todo lo que les dice, y se tragan cualquier receta que les prescribe. -

Consejos sobre Salud pg. 38 libro físico.

Deseo tu medites y tomes resolución de amar tu propia vida y dejes de seguir a esta gente y le pongas toda atención a tu existencia creando tu propio estilo de vida organica.

- ✓ Ya que la alimentación no saludable y el sedentarismo pueden ser responsables de una proporción considerable defallecimientos evitables, una modificación de éstos podríare percutir notablemente sobre la salud pública. - Servicio de Endocrinología y Nutrición. Hospital Universitario Reina Sofía. Córdoba. España.Correspondencia: Dr. A.J. Calaña

Escribe 10 cosas, consejos, ideas, creencias, posiciones tuyas que te gustaría compartir con la sociedad sobre la salud, veganismo, organico, verde, crudismo, tierra, naturaleza, enlatado, nutrición, leyes de salud, organizaciones o instituciones, religión, etc., etc., etc.

_____

_____

_____

_____

_____

_____

_____

_____

Una Manzana ayuda a personas con diabetes

Energia Cuantica

La mayoria de libros de salud hablan de nutricion y dieta, ejercicios otros de vida espiritual etc., pero NO hablan de la energía como base de ella en salud. Esto es fundamental para iradiar en salud. No es lo mismo tener salud o creer que lo eres sin IRADIAR SALUD A LOS DEMAS, ESTO ES TOTALMENTE UN BENEFICIO SOCIAL.

✓ La energía y persistencia conquistan todas las cosas.- Benjamin Franklin

Todo se mueve por y la energía. Todo requiere energia y es crucial no solo tenerla si no tener la correcta ENERGIA.

Muchos hablan del tema de buena actitud, hablan de ser productivo, de ser exitoso, de ser feliz pero poco se menciona qué no solo es tema de mente correcta y positiva en la qué está metida todo él mundo capitalista sino ES UN TEMA de que hay que poseer Energía correcta ya que ella es el medio principal para realizar todo lo que requiere VIVIR EN OTRO NIVEL feliz y abandante, esta energia *es la madre de donde fluye la salud.*

✓ La pasión es energía. Siente el poder que viene de centrarte en lo que te excita. - Oprah Winfrey.

PERO no es cualquier energia la qué hablo aquí ya qué hay energia negativa, aquella qué promueve enfermedad, vida precaria, infecciones, depresion, lastima, mediocridad, mendigar, sufrir y ver él mundo nublado qué te lleva a una vida pobre y miserable la sociedad en la que se encuentra esclavizada la mayoria de humanos.

La energia qué creo y promuevo ES la energia SANA, POSITIVA, QUÉ LLAMO ENERGIA CUANTICA ya qué debe ser una energía limpia, energía pura, esta basada en la consciencia, energía constructiva y eso esta relacionado a la vida cuantica, la energía qué magnifica su existencia en vida sana Y PROSPERA.

-   **Cuántica, FÍSICA Se aplica a la teoría que tiene relación con la emisión y la absorción discontinua de la energía.** — es.thefreedictionary.com

Sí buscamos, detectamos o activamos conscientemente, disciplinadamente, persistentemente este tipo de energia EN NOSOTROS entonces funcionaremos desde está energia EVOLUTIVA Y MAGNETICA DE TODO LO BUENO, *SIN EMBARGO es imposible sin una excelente alimentacion en todo sentido ya qué es tema de nutricion y no de motivacion* lo que fundamentalmente activa esta energia en el ser humano. Todos la tenemos desde que nacemos, pero no todos la activamos o usamos.

Entonces por que la mayoria de gente esta enferma, pobre, deprimida, respuesta por falta de energia, por que come mal, entonces piensa mal y asi vive mal.

Por eso es UNA ENERGIA CUANTICA ya que empieza en algo tan pequeño como un atomo como lo cuantico y cada atomo contribuye a la energia y condicion hasta que da forma a lo que deseamos o en lo quen os convertimos físicamente.

Asi ocurre con nuestra alimentacion algo tan simple y basico con resultados a favor o encontra de una altamente abundante, productiva y satisfecha existencia.

El problema con esto es que si no la activamos a nuestro favor y en el canalde la salud entonces se activa hacia lo negativo y se vuelve una energía que destruye ya que no tiene dirección. El mismo concepto de una celula es buena si estas saludable pero si te enfermas se vuelve una celula mala que puede pasar el recibo y cobrar con la vida.

✓ La actividad física no solo es la clave más importante para un cuerpo saludable, es la base de una actividad intelectual dinámica y creativa. - John F. Kennedy.

Revisa esta lista de áreas que determainan tu nivel y CALIDAD de energía. Ponle una palomita si es bueno y cierto o una X si te afecta y estas mal en ello. **Luego en una hoja en blanco escribe el total de tus palomitas y el total de tus X's.** Al final de la hoja escribe Tengo energía cuántica o Me falta energía cuántica, luego fírmalo y observalo todos los días por un mes.

TRIZTE

FELIZ

DEPRIMIDO

ENOJON

CRITICA

CELOS

ENVIDIA

CHISME

CANSADO

ESTRESADO

MUY EMOCIONAL

AISLADO

NEGATIVO

APASIONADO

SERICIAL

SOCIAL

LIDER

SEGUIDOR

OBSERVADOR

ENFERMO

SALUDABLE

CONTRIBUIDOR

CONSUMIDOR

HIGIENICO

ANTIHIGIENICO

LIMPIO

SUCIO

ORDENADO

DESORDENADO

APOYAS

O TE OPOYAN

LLENO DE ESPERANZA

NO CONFIANZA

SOSPECHOSO

ABURRIDO

DEBIL

FUERTE

TRABAJADOR

ARRAGAN

ABUSADOR

GRITON

MALOS HABITOS

PENSAMIENTOS NEGATIVOS

PENSAMIENTOS DE SUICIDIO

PENSAMIENTOS DE VENGANZA

AMANTE DE LO NATURAL

DISGUSTADO CON LO NATURAL

GUSTA LA RECREACION AL AIRE LIBRE

TE GUSTAN LAS FIESTAS

FIEL A LAS REDES

AMANTE DE PELICULAS

AMANTE DE NOVELAS

FIEL A LAS NOTICIAS

LECTOR DE PERIODICOS

NO LE GUSTAN LOS LIBROS

LE FASCINA LA LECTURA

CONSUMES MUCHO CAFÉ

NO PUEDES COMER SIN CARNE

HACES EJERCICIO

VAS AL GYM

TOMAS AGUA

TE GUSTAN LAS SODAS

COMES VERDURAS, FRUTAS, GRANOS

TE GUSTAN LOS GERMINADOS

TOMAS JUGOS VERDES

TE GUSTA EL SILENCIO

PUEDES ESTAR EN LUGARES SOLITARIOS

AMAS LOS ARBOLES

TIENES MIEDO

TE ASUSTA LA OSCURIDAD

NO VAS A LA IGLESIA

ERES ATEO

USAS MUCHO PLASTICO

NO PONES CUIDADO EN QUE COMES

TE FASCINA LA COMIDA RAPIDA

COCINAS EN CASA

PREFIERES DESCANSAR AL LADO DE UN RIO

DESCONTROL SEXUAL

PENSAMIENTOS SUCIOS

IRA DESCONTROLADA

ERES DELICADO CON ESTAR EN LA TIERRA .....

Has el ejercicio en una hoja en blanco y sigue los pasos de arriba palomita y la famosa X's.

Si comes una manzana RELAJA TU
MENTE O CUERPO EXCELENTE
TERAPIA

El Poder de
La Felicidad

Bienaventurado el hombre que no anduvo en consejo de malos, Ni estuvo en camino de pecadores, Ni en silla de escarnecedores se ha sentado. — Salmos 1:1.

Creo que naci enojado, amargado, molesto y todo ese rollo social que nos creemos. En ese mundo creci siendo victima de todo. Todos eran un problema. ¡Yo la victima!

Un dia mientras leia, meditaba y *entendi el poder de la felicidad.* Comprendi que la felicidad no es una suerte es tema de salud y sobre todo da salud y abundancia un tema que pocos viven de verdad ni casados ni ricos o religiosos. Léete mi libro 12 Reglas de Una Vida Exitosa en **www.miguelmartin.info**

- "La felicidad y la satisfacción conducen a un mejor estado de salud. Los estudios demostraron que las personas que son felices y están satisfechas con sus vidas por lo general tienen un mejor estado de salud que las personas que no son felices" - R Zamani, MD, MPH.

La felicidad no empieza comiendo, no comienza con la mente, *comienza con desiciones con elecciones* (te recomiendo leerte mi libro sobre Soy Rebelde Una Nueva Filosofia de Vida para ser feliz en #MMEC www.miguelmartineducationcenter.com) y ese un poder diferente al pensamiento es el poder de la voluntad que muchos desconocen. Y simple elegi ser feliz. Claramente se dijo: "Las personas que son felices parecen saber intuitivamente que su felicidad es la suma de sus elecciones de vida..." – Mayo Clinic. Lo creo y lo vivo.

¿Como estas tu con esto, esperas un milagro, esperas buena suerte para ser FELIZ?   SI   NO

Siguiras esperando SINO desides ser FELIZ.

Fue en este momento que todo cambio no solo en mi mente y actitud. Mi salud fue afectada, mejor dicho beneficio mi estado de salud a lo mejor. Y me di cuenta que todo lo demas era afectado a lo mejor.

La palabra "bienventurado" que leemos una y otra vez en la biblia en su original hebreo puede significar TRES, SIETE, MUCHAS VECES FELIZ. UNA forma de expresar completa y satisfactoria felicidad. Aparece en la biblia alrededor de 80 veces.

Si eres creyente de Dios y no eres completamente feliz tienes un problema. TE DEBERIA DAR VERGÜENZA SER CREYENTE DE LO BUENO Y DE DIOS YA QUE DIOS NO ES UN DIOS TRIZTE.

Si crees en la biblia y no estas satisfecho con tu vida tienes un problema psicológico. Pon atención muchos de nuestros problemas son mentales y no reales.

Si vas a la iglesia y no eres feliz en su totalidad tienes un problema serio que debes corregir ya que debemos y podemos ser "bienaventurados." Concepto que pocos prantican.

Creo que la felicidad es un poder que sana, restablece salud y es como una proteccion contra las enfermedades.

Nos expreso el doctor Enrique Rojas catedrático de Psiquiatría y Director del Instituto Español de Investigaciones Psiquiátricas de Madrid – **QUE "La Felicidad es Salud…"**

Si la gente tan solo elegiera ser feliz consistentemente su salud seria genial. **En mi opinion uno de los mejores seguros de salud y lo mejor de todo es que tiene el mismo precio que la enfermedad, es gratis.**

TE INVITO a que empieces a vivir un nuevo concepto de felicidad aquí y ahora esto promoverá tu salud.

Ejercicio en una hoja en blanco:

- ✓ Escribe que crees en la felicidad.
- ✓ Escribe que eres feliz.
- ✓ Escribe que compartes felidad.
- ✓ Escribe que tu felicidad es tu salud.

Luego fírmalo con tu nombre

Miguel Martin

Una manzana nutre y protege al corazón

El Secreto de los dos A's

¿Has padecido de acidez, Tienes problemas con enfermedades?

Si   No   Mas o menos

Estas dos A's son las famosas palabras **Alkalino y Acido.** Todo nuestro mundo de salud se complica o se beneficia si estamos en estas dos frecuencias.

Sobre lo acido se dice que: "Hay productos que dentro de nuestro cuerpo nos causan acidez. Y no estamos hablando de la acidez estomacal, sino acidez dentro de nuestro sistema. Cuando nosotros nos salimos de esos procesos y nos vamos a ese estado de la acidez nos atacan más los virus, las bacterias. El cuerpo no está en su estado normal y hay unos

DE REGRESO A LO ORGÁNICO | 70

productos que nos alejan de eso", explico el doctor internista L. Vera.

Simple y básico, un estado alcanino esta basado en una nutrición basada en lo verde, orgánico y nutricional. Nada procesado y agua simple y suficiente. Dijo la ONU – 'Los vegetarianos también poseen significativamente menos cáncer de colon que quienes comen carne. El consumo de carne está más íntimamente relacionado con el cáncer de colon que ningún otro factor dietético.'

Por lo que dijo la ONU es fundamentalmente crucial porque Un estado acido es la base para todas las enfermedades y ella se logra con una alimentacion basada en alimentos procesesados, cocinados en su mayoria y el mundo de la comida rapida es la madre del cáncer, epidemia que nadie puede parar ya que no ponemos atención a la forma que

Los tumors o canceres nacen en el mundo de lo acido asi se confirmaba 1930s, 1931 por el doctor alemán Otto Heinrich Warburg, ganó un Premio Nobel de Ciencias quein confirmaba este punto en salud.

Las personas libres de ello lo logran basado en un mundo alcalino. "Hay estudios que aseguran que que el cáncer era como un juego al azahar, porque se ha demostrado que se daña el DNA y cuando eso ocurría podía crecer células malignas... si nosotros estamos en un estado alcalino esas células no se pueden desarrollan. El doctor Campbell demostró que el que ayuda que en ese proceso de acidez puedan crecer células malignas es la proteína animal. Mucha gente dice `todo el mundo come proteína animal, así que si fuera así todo el mundo tendría cáncer'. Pero esto es como un juego de azahar, si se te daña el DNA y estás en ese estado alcalino perfecto, que el que te lleva al estado de acidez es la proteína animal, pues entonces las posibilidades de que a uno le de una malignidad son mucho más bajitas", expresó el doctor L. Vera.

5 cosas que suben inmediatamente tu Sistema a estado Alcalino son:

- Agua con limon

- Jugos verdes

- Germinados

- Ejercicio abundante

- Respiracio Profunda en bosques.

Tambien americano para la Investigación sobre el Cáncer

comunicaron la existencia de pruebas clave sobre el efecto protector de la alimentación frente al cáncer, con una mayor consistencia para las dietas ricas en verduras y frutas, especialmente en relación con las neoplasias de la cavidad oral, la faringe, la laringe, los pulmones, el esófago y el estómago 49,50 (evidencia V, grado de recomendación C.) - Servicio de Endocrinología y Nutrición. Hospital Universitario Reina Sofía. Córdoba. España.Correspondencia: Dr. A.J. Calaña

5 cosas que debes dejar de comer o hacer

- Vida sedentaria

- Uso de azucar en todas sus formas

- Comidas cocinas

-       Cosas procesadas.

-       Estar sin aire FRESCO.

Por eso es fundamental comprender que: "El punto es quién mide la acidez y la alcalinidad es el PH. El ser humano funciona en unos PH que se catalogan deben estar entre 7.35 y 7.45. Hay unos alimentos que por lo general nos disminuyen ese estado ideal de nuestro PH y se habla mucho de que el cuerpo debe estar alcalino y no en acidez." - Doctor Vera.

Has un test de PH y mira donde estas.

¿Cual será tu siguiente paso en salud?

_____

_____

_____

_____

_____

Para reafirmalo conpartelo con alguien en este momento y dile lo que haras. **Este ejercicio fortalecerá tu decisión y es posible que alguien mas se te una.**

Solo al comer una manzana tienes una
pasta dental organica

La LEY de la Abundancia

¿Qué es abundancia para ti? Escribe aquí antes de seguir leyendo:

_____

_____

_____

_____

_____

_____

_____

_____

Se habla de la importancia de la abundancia solo para él tema del dinero, felicidad pero poco *se habla qué es él fundamento de la salud*, y desde allí se LA posee, una vida altamente saludable y por lo tanto necesitamos ponerle atención a lo qué abre él manantial de la abundancia.

✓ La abundancia no es un número o una adquisición. Es el simple reconocimiento de nuestra suficiencia. - Alan Cohen

La abundancia es un concepto

Todo empieza con él tipo de pensamiento. Los pensamientos son poderes qué activan o desactivan la abundancia. Por eso yo creo y uso lo que enseño en mis otros libros de desarrollo personal, en conferencias, webinar y entrenamientos el uso del "Pensamiento Selectivo" que no es lo mismo que pensar, es desidir que pensar y que hacer en el pensamiento seleccionado. La abundancia surge de ese tipo de pensamiento.

Quiero que tengas vida, vida en abundancia – Jesucristo

La abundancia es una ley de prosperidad que incluye salud.

  ✓ Atraigo a mi vida todo aquello a lo que le doy mi atención, energía y concentración a, ya sea positivo o negativo. - Michael Losier

Igual los pensamientos son llaves qué te abriran las puertas del conocimiento requerido para vivir abundante. Sin estos pensamientos no funciona la abundancia ya qué la abundancia es un concepto formado en él taller de los pensamientos qué cargamos desde nuestra niñes, juventud y nos persigue en nuestra adultez es crucial comprender esto para simplemente hecharle una mirada a nuestra vida y preguntarnos qué tipo de concepto tengo de la vida.

La abundancia es comida

Sí, esos platillos dicen mucho de cómo generamos esas energias de abundancia, la nutricion es full en generar buenos pensamientos, buena sangre, buenas celulas, buena respiracion, buena vida y entonces sin forzarlo eres feliz, eres exitoso, eres productivo y parece qué todo lo qué tocas funciona y prospera.

¿Por qué? porque todo está sincronizado con lo natural y ORGANICO. Por eso soy altametne cuidadoso en mi alimentacion. Por eso soy vegetariano. Por eso soy verde, por soy organico. ¿Y tu?

La abundancia empieza aquí. Todos podemos tener abundancia, pero no todos lo gozan porque ella tiene sus fundamentos en la voluntad, es la voluntad qué nos ayuda a emprender este estilo de vida.

✓ Siempre serás una versión de primer nivel de ti mismo, en lugar de una versión de segunda clase de otra persona. - Judy Garland

Es la voluntad qué nos da la oportunidad de Elegir, de Seleccionar, de Decidir sí le entramos o no a está forma de vivir. Por eso qué muchas personas quieren una vida abundante pero NO QUIEREN PAGAR ÉL PRECIO para poseerla y ocurre lo qué temen, NO LA POSEEN Y SIEMPRE VIVEN MENDIGANDO buen animo, dinero, relaciones, salud, y paz.

✓ Deja siempre suficiente tiempo en tu vida para hacer algo que te haga feliz, te deje satisfecho y te traiga alegría. Esto tiene más poder sobre nuestro bienestar que cualquier otro factor económico. - Paul Hawken

Llama a tu mama o papa en este momento y comentales las 3 areas que activaras o haras para ACTIVAR ABUNDANCIA EN TU VIDA.

LLAMA O HABLA CON ELLOS AHORA

La manzana posee 80% de agua por lo tanto hidrata

ALERTA Si no quieres Cambiar y gozar de mejor salud NO SIGAS LEYENDO Y SI CREES que necesitas ayuda en ser UNA Persona disciplinada léete mi libro sobre El Poder de La Disciplina en #MMEC www.miguelmartineducationcenter.com

Soy vegetariano
Soy ORGANICO

Si tienes algún amigo vegano, vegetariano, orgánico crudista por favor felicítalo. Gracias

Ser vegetariano no ha sido del todo fácil o normal, he enfrentado mis montañas cuando yo empece era cómo salir del closet alla en los 90s , la gente hablaba mal de uno, se burlaban y siempre te daban sermones qué no servia y qué te ibas a morir por mala nutrición, qué él doctor no aprobaba esa dieta bla bla bla y FELIZMENTE aquí estoy casi 30 años después DE TODO ESO.

Esta escrito y es uno de las palabras menos estudiada, predicada y ensenada pero poderosa no solo en su significado sino en el poder de lo que dice mas alla que solo pensa que no es tan importante. Esa palaba es "Polvo / Tierra ERES" – La biblia Genesis 3:19. Si es cierto que somos polvo o tierra te pregunto, ¿porque nos alejamos tanto de ella, porque esperamos morir para poder disfrutarla en un cofre? Como tierra en forma humana necesitamos de la tierra al 1003% esta es una de las razones que amo ser ORGANICO, VERDE, vegetariano.

Nunca planeé ser vegetariano. Personalmente era carnívoro. Comía de todo y me encantaba la carne. Mi madre y padre tenían un restaurante, vendian carne, en él pueblo donde creci se CONSUME mayormente OVEJAS, carnero, res y pollo, poco puerco pero al final era carne y sí nos gustaba demasiado.

✓ El hombre es lo que come. - Lucrecio.

Este hermoso estilo de vida ORGÁNICO empezo así. Un dia invite a comer a alguien qué me habia ayudado con varias cosas y nos hicimos amigos. Yo ordene dos combo burritos y dos sodas grandes de las más grandes qué te puedes imaginar. Él solo ordeno dos tostadas de frijol con vegetales y qué por favor le quitaran él queso y crema. NO tomo soda.

Por él otro lado Yo con mis burros y grandes sodas. Le pregunte porque no comía carne y me dijo 'porque soy feliz y saludable. No cómo carnes, no tomo sodas ni queso desde pequeño.'

¿Cómo asi y tienes este cuerpo de atleta? Si. Feliz, saludable y cuerpo de atleta. Yo me dije quiero ser cómo él. Esa noche regresé a casa y decidí convertirme en vegetariano.

"Sus hojas son para sanar..."- La Biblia Ezekiel 47:12 en el libro sagrado dice que las hojas tienen el poder de sanar porque tienen el poder de la vida. Por eso amo las ensaladas y todo lo verde. ¡Muchas hojas VERDES mucha vida!

¿Cuántas veces a la semana comes hojas o cosas verdes?

_____

_____

_____

Hoy tengo casi 30 años de ser vegetariano y nunca nunca más he comido carne. De las tres cosas qué me gusto del amigo solo logre dos Felicidad y Salud, no he podido con él cuerpo de atleta cómo él pero nació algo con ese cambio de vida y que creo superé a mi amigo me llevo a convertirme en autor de libros, libros que hoy dia leen en todo el mundo mis seguidores, ya qué esta forma de comer me hizo nacer de nuevo en especial con mi mente y voluntad.

En seguido escribe el menú que te gustaría tener cada semana tomando en cuenta una vida mas organica, verde y nutrional.

_____

_____

_____

_____

_____

_____

_____

_____

¿Cual es la fruta que comeras mas sin cocinar o ponerle nada?

_____

_____

Escribe 5 razones porque seras mas atento en tus platillos al comer:

_____

_____

_____

_____

_____

Si deseas VIVIR MAS cuales son las cosas o comidas que dejaras de hacer y consumir:

_____

_____

_____

_____

_____

La manzana contiene PICTINA

Plan Original

Alguna vez te has preguntado ¿Es mi régimen alimenticio el adecuado, el mejor, el original, el beneficio para mi, para mi comunidad, para mi familia, para mi sociedad, para mi medio ambiente? Grandes preguntas que merecen una respuesta de tu parte.

Por favor contestalas en forma de meditación o sea piensa en ello por los siguientes 15 minutos. Toma tiempo en un reloj.

Se escribió como reflexión y consideración:

- Para saber cuáles son los mejores comestibles tenemos que estudiar el plan original de Dios para la alimentación del hombre. El que creó al hombre y comprende sus necesidades indicó a Adán cuál era su alimento. "He aquí -dijo- que os he dado toda planta que da semilla. . ., y todo árbol en que hay fruto y que da semilla; os será para comer" *(Gén. 1:29).* Al salir del Edén para ganarse el sustento labrando la tierra bajo el peso de la maldición del pecado, el hombre recibió permiso para comer también "plantas del campo". Consejos Sobre el Regimen Alimenticio pg. 95,96.

Sabias que nuestros dientes NO fueron creados para comer carne, revisa tus diestes con los de un animal y veras que son DIFERENTES.

¿Considerarias dejar de comer carnes?

- El conocer las denticiones de diversas especies animales nos ayuda a comprender mejor cómo es el funcionamiento de los órganos dentarios en los seres vivos, y así, comparar como está estructurada la cavidad oral, y como la naturaleza es tan sorprendente que desarrolla cada parte del ser para que éste pueda sobrevivir en el hábitat que se encuentre, dando como resultado, la gran importancia del desarrollo de los dientes. - UNIVERSIDAD AUTÓNOMA DE TLAXCALA Lic. Cirujano Dentista

Nosotros los humanos tanto los dientes como sistema digestivo esta creado para masticar, digerir y distribuir lo siguientes alimentos organicos y verdes, pero no para comer o digerir carnes.

- Los cereales, las frutas carnosas, los frutos oleaginosos, las legumbres y las hortalizas *constituyen el alimento escogido para nosotros por el Creador. Preparados del modo más sencillo y natural posible, son los comestibles más sanos y nutritivos. Comunican una fuerza, una resistencia y un vigor intelectual que no pueden obtenerse de un régimen alimenticio más complejo y estimulante. Consejos Sobre el Regimen Alimenticio pg. 95,96.*

Jamas fue el plan original del CREADOR dar los animales como alimento humano Y ESO LO VEMOS CLARAMENTE en el libro de Genesis capítulos 1,2. Leelo por favor y si te es posible en un hermoso parque, al lado de un rio, en un valle y respira profundo al leer cada palabra y llega tu propia conclusión.

- Dios dio a nuestros primeros padres los alimentos que él se propuso que debía comer la raza humana. Era contrario a su plan quitar la vida de ninguna criatura. No debía haber muerte en el Edén. Los frutos de los árboles del jardín, constituían el alimento que requerían las necesidades del hombre. Consejos Sobre el Regimen Alimenticio pg. 95,96.

Tal y como comentaba el Dr. Mills en una de sus charlas en Londres Europa dijo sobre el tema de comer carnes de animales:

- ...la mandíbula y dentadura de los carnívoros están diseñadas para cortar, desgarrar y sólo se mueven hacia arriba y abajo. No tienen enzimas digestivas en su saliva y no mastican la comida, la engullen. Sus dientes caninos son grandes y sus molares se cruzan en movimiento de corte, así pueden morder a través de la dura piel a sus presas y desgarrar su carne. Tienen una gran fuerza de mordida (perros 300isp*, lobos 500isp, jaguares 700isp, leones y tigres 800-900isp, hienas 1000isp). Nuestra mandíbula y dentadura están diseñadas para masticar y se mueven lateralmente. Tenemos enzimas digestivas en la saliva que digieren hidratos de carbono. Nuestros molares entran en contacto unos con otros y se mueven a los lados para masticar la comida, mezclarla y empezar la digestión. Nuestros dientes caninos son más bien pequeños y nuestra fuerza máxima de mordida no supera los 150isp. Podemos partir algunos frutos secos con nuestros dientes, pero definitivamente no podemos atravesar la dura piel de los animales de un mordisco.

- El Dr. Mills tiene una experiencia variada con especialización en medicina interna, enfermedad VIH y la relación entre la nutrición y las enfermedades crónicas.

NO CARNES

Sobre el consumo de carne:

- Ni un gramo de carne debiera entrar en nuestro estómago. El consumo de carne es antinatural. Hemos de regresar al propósito original que Dios tenía en la creación del hombre.

- Consejos sobre el regimen alimenticio pg.454, 455.

- La Organización Mundial de la Salud ha identificado que las carnes procesadas, como el peperoni o el tocino, son carcinógenas (en inglés); no hay beneficio en consumir ninguna cantidad.

¿Te animas a DEJAR DE COMER CARNES?

- En cuanto a las carnes rojas, la recomendación es no consumir más de tres porciones a la semana. *Sin embargo, reemplazar las carnes con vegetales, frutas, granos integrales, frijoles, nueces y queso muestra reducciones fiables en la mortalidad y las enfermedades. Por lo que una buena recomendación sería entre cero* y tres porciones a la semana. Dr Davis Kats, AARP, Anteriormente American Association of Retired Persons.

- ¿No es tiempo ya de que todos prescindan de consumir carne? ¿Cómo pueden seguir haciendo uso de un alimento cuyo efecto es tan pernicioso para el alma y el cuerpo los que se esfuerzan por llevar una vida pura, refinada y santa, para gozar de la compañía de los ángeles celestiales? *¿Cómo pueden quitar la vida a seres creados por Dios y consumir su carne con deleite? Vuelvan más bien al alimento sano y delicioso que fue dado al hombre en el principio, y* *tengan ellos mismos y enseñen a sus hijos a tener misericordia de los seres irracionales* que Dios creó y puso bajo nuestro dominio. -Consejos sobre el regimen alimenticio pg.454, 455.

Sin duda y super comprobado:

- Las comidas sin carne se elaboran a base de frijoles, lentejas, vegetales y cereales integrales. Estas proteínas de origen vegetal suelen ser menos costosas y ofrecen más beneficios para la salud que la carne. – Mayo Clinic Org

La preparación para una vida mas espiritual y llena de luz:

- "...con el tiempo eliminarán el consumo de carne; la carne dejará de formar parte de su régimen. Siempre debiéramos tener este fin en cuenta, y esforzarnos para avanzar firmemente hacia él. No puedo pensar que en la práctica del consumo de carne nos hallemos en armonía con la luz que a Dios le ha agradado darnos. Todos los que están relacionados con nuestras instituciones de salud debieran estar educándose especialmente para subsistir a base de frutas, cereales, legumbres y hortalizas. Si obramos guiados por principios en cuanto a estas cosas, si como reformadores cristianos educamos nuestro propio gusto, y colocamos nuestro régimen en armonía con el plan de Dios, podremos influir en otras personas, en esta materia, lo cual será agradable para Dios." Consejos sobre el Regimen Alimenticio pg.454, 455.

Abandonando las carnes
RECOMENDACIÓN POR AUTORIDADES

Un experto de Harvard dijo:

- La gente que come más carne roja está más propensa a sufrir enfermedades cardiovasculares, diabetes tipo 2, obesidad, cáncer colorrectal y otros tipos de cáncer", dice Frank Hu, presidente del Departamento de Nutrición en la Facultad de Salud Pública de Harvard.

¿Cuáles son las carnes que dejaras de consumir?

_____

_____

Felicitaciones si te animastes a escribirlas.

- El pueblo que se está preparando para ser santo, puro y refinado, y ser introducido en la compañía de los ángeles celestiales, ¿habrá de continuar quitando la vida de los seres creados por Dios para sustentarse con su carne y considerarla como un lujo? Por lo que el Señor me ha mostrado, habrá que cambiar este orden de cosas, y el pueblo de Dios ejercerá templanza en todas las cosas. . . Consejos sobre el Regimen Alimenticio pg. 69,70.

- *El peligro de contraer una enfermedad aumenta diez veces al comer carne.* Consejos sobre el Regimen Alimenticio pg. 69,70.

- *Las facultades intelectuales, morales y físicas quedan perjudicadas por el consumo habitual de carne.* Consejos sobre el Regimen Alimenticio pg. 69,70.

- *El comer carne trastorna el organismo, anubla el intelecto y embota las sensibilidades morales...* Consejos sobre el Regimen Alimenticio pg. 69,70.

- *La conducta más segura para vosotros consiste en dejar la carne.* Consejos sobre el Regimen Alimenticio pg. 69,70.

- Hay una clase que profesa creer la verdad, que no usa tabaco, rapé, té o café, y que sin embargo es culpable de gratificar el apetito de una manera diferente. **Anhelan con vehemencia carnes muy sazonadas, con salsas concentradas, y su apetito se ha pervertido tanto que no pueden satisfacerse siquiera con carne, a menos que se les prepare de una manera muy perjudicial. El estómago resulta afiebrado, los** órganos digestivos son recargados, y sin embargo el estómago trabaja duramente para deshacerse de la carga que se le impuso por la fuerza. - Consejos sobre el Regimen Alimenticio pg. 186.

Lamentablemente muchos médicos seculares no pueden explicar satisfactoriamente porque la gente se enferma mucho algunos solo concluyen que son alergias, que necesitas descanso y que se te pasara pero esto no es cierto:

* Los médicos seleculares no pueden explicar el rápido aumento de las enfermedades en la familia humana. Pero nosotros sabemos que mucho de este sufrimiento está causado por el consumo de

carne. Los animales están enfermos, y al participar de su carne, implantamos la semilla de la enfermedad en nuestros propios tejidos y en nuestra sangre. Luego, cuando estamos expuestos a cambios en una atmósfera palúdica somos más sensibles a los mismos; también cuando estamos expuestos a epidemias y a enfermedades contagiosas, el organismo no se halla en buena condición para resistir la enfermedad. - Consejos Sobre el Regimen Alimenticio pg. 461,462.

• Una dieta basada en productos de origen vegetal, en la que se destaquen las frutas, los vegetales, los cereales, los frijoles, las legumbres y los frutos secos, es rica en fibra, vitaminas y otros nutrientes. Además, por lo general, las personas que no comen carne (los vegetarianos) ingieren menos calorías y grasa, tienen menos peso y presentan un menor riesgo de padecer enfermedades cardíacas que los no vegetarianos. – Mayo Clinic Org.

- Si dijera que el riesgo de muerte asociado con el consumo de carnes rojas y procesadas es de una en mil personas, tal vez parecería que el riesgo es muy bajo. Pero una en mil personas equivale a 325,000 muertes en Estados Unidos cada año. Eso es como si se estrellaran dos aeronaves "jumbo" todos los días. Eso sería una verdadera crisis. — Dr. David Kats Director del Yale Griffin Prevention Research Center, Facultad de Salud Pública de Yale y fundador de True Health Initiative, una coalición global de vigilancia de más de 500 expertos en enfermedades, nutrición, salud.

Si yo puedo tu PUEDES, DEJA DE COMER CARNES. ¿Te gustaría tener ayuda en este tema? Dejame ser tu mentor en 3 formas

E – mentoring por Email

- T – mentoring por Texto
- T - mentoring por Telefono
- V – mentoring por Video
- P – MENTORING EN PERSONA HAS UNA CITA EN www.miguelmartin.info Tel 2142055904 email contacto@miguelmartin.info

Una manzana DESENTOXICA TU
CUERPO ES UN LAXANTE

El Pescado

¿Crees que es saludable comer pescado o comida marítima? Si o No.

¿Se deberia comer el pescado y otros animales marinos? AQUÍ VA MI RESPUESTA. Yo digo que NO por salud y consciencia del planeta, pero dajeme explicarlo y creo entraremos al mismo viaje de vida ORGANICA.

Analiza lo que dice una de las investigaciones y cadenas mas conocidas del mundo:

•   Está bien documentado que grandes cantidades de plástico ingresan a los océanos cada año, contaminando los mares, ensuciando las playas y poniendo en peligro la vida silvestre. Y esa contaminación de microplásticos se ha encontrado incluso en las regiones más remotas de la Tierra, como la Antártida o en las partes más profundas de nuestros océanos." – CNN español.

El pescado a menudo está contaminado:

- En muchos puntos los peces se contaminan con las inmundicias de que se alimentan y llegan a ser causa de enfermedades. Consejos sobre el Régimen Alimenticio pg.471. Elena de White autora de mas de 60 libros y promotora de salud, unviersidades y sanatorios internacionales.

Esto es crucial desde el punto de salud, nuestra salud es mas importante que un gusto o placer lleno de veneno. Ya no es prudente el consumo de animales del mar.

- Tal es en especial el caso de los peces que tienen acceso a las aguas de albañal de las grandes ciudades. Consejos sobre el Régimen Alimenticio pg.471. Elena de White autora de mas de 60 libros y promotora de salud, unviersidades y sanatorios internacionales.

Estos son temas que los comercios, el gobierno no diran nada y parece ser que nadie le importa si esta comiendo escremento humano, suciedad colectada y aguas negras como su nutrición. Ojalá esto despierte a UNA PERSONA Y EL LIBRO HABRA VALIDO LA PENA ESCRIBIRLO.

- Los peces que se alimentan de lo que arrojan las alcantarillas pueden trasladarse a aguas distantes, y ser pescados donde el agua es pura y fresca.

Consejos sobre el Régimen Alimenticio pg.471. Elena de White autora de mas de 60 libros y promotora de salud, unviersidades y sanatorios internacionales.

- Los peces: Al servir de alimento llevan la enfermedad y la muerte a quienes ni siquiera sospechan el peligro. Consejos sobre el Régimen Alimenticio pg.471. Elena de White autora de mas de 60 libros y promotora de salud, unviersidades y sanatorios internacionales.

- El nivel de contaminación que sufren las aguas de nuestro planeta, en especial las fuentes de agua dulce es tan dramático, que los elementos tóxicos han llegado a las capas freáticas más profundas... - Ecoticias.com

• ...Los científicos han llamado a la basura plástica «uno de los desafíos ambientales clave de esta generación» y el problema es un problema ambiental reconocido internacionalmente. El plástico es una contaminación persistente que daña la vida silvestre, el océano mismo y existe una creciente preocupación por los posibles riesgos para la salud que representa para los humanos. – CNN en español

• En los últimos dos años, nueve hombres hispanos de los Estados Unidos murieron luego de comer ostiones crudos contaminados con el Vibrio vulnificus (una bacteria encontrada comúnmente en las aguas donde se cultivan los ostiones, por ejemplo el Golfo de México). El Vibrio vulnificus se encuentra en concentraciones más altas durante los meses de verano, cuando el agua está más cálida. US and Food, Drug Administration

*   ...por lo que, aunque los ostiones se compren en sitios con buena reputación, comer ostiones de aguas "limpias" o en restaurantes reconocidos con alto volumen de ventas no proporciona protección. - US and Food, Drug Administration

*   Con todo lo que hemos leído acerca del plástico en los océanos, en las costas, en el agua, en los peces, parece que hay una pregunta que es inevitable hacerse: ¿estamos comiendo plástico? Ya hay quienes

dicen que sí. Un estudio de 2016 de la Universidad de Gante, en Bélgica, calculó que el consumidor europeo medio de crustáceos, moluscos y mariscos similares puede ingerir hasta 6.400 microplásticos al año. Se supone que el cuerpo humano apenas absorbería un 1%, pero es igualmente inquietante y sabemos lo que pasa con el plástico: no se va…. El Periodico El Pais.

• El problema solo empeorará ya que se espera que la producción de plástico y la contaminación aumenten en los próximos años… CNN en español.

¿Has pensado alguna vez de donde proviene ese rico pescado que podría estar llevando tu muerte?

¿Qué estas dispuesto hacer para ayudar con la contaminación ambiental y del mar? Escribe 10 formas

_____

_____

_____

_____

_____

_____

_____

_____

_____

_____

UNA MANZANA QUEMA GRASA

Él concepto Verde

¿Cuál es tu color favorito?

¿Sabias que tu color favorito dice mucho de ti?

¿Qué color me recomendarías para decirme salud?

Soy amante de lo verde, él color, la naturaleza, y por alguna razón mi mente dice que la salud es verde y no roja. Si has puesto atención en la naturaleza notarás qué él color verde es él rey qué gobierna y embellece todo, tu no dices wow qué naturaleza y vida al ver una rosa roja o amarilla pero sí notas y exclamas que esto está verde y lleno de vida cuando ves él color VERDE, todos los paisajes en el mundo gobierna el VERDE.

✓ "El Hace brotar la hierba para el ganado, *y las plantas para el servicio del hombre,* para que el saque alimento de la tierra" – La Biblia Salmos 104:14.

Está comprobado qué lo verde no solo es salud, nutricion, vida sino tambien es terapeutico, un relajante y generador de paz. Cómo no amar lo verde ya sea en color, en la naturaleza o en él concepto cómo explico aquí. Simple #soyverde

EL Color Verde es un color relajante y refrescante que induce a quién lo contempla sensaciones de serenidad y armonía. Está íntimamente relacionado con todo lo natural, simbolizando también la vida, la fertilidad y la buena salud. – Juan Nuñez la psicológia de los colores.

Por eso te comparto PASOS para guiarte a una vida verde

- ✓ Visita lugares naturales cómo rios, montañas, mares, jardines etc.
- ✓ Litaralmente usa más él color verde en tus libros, libretas, colores de paredes, misceláneos o ropa.
- ✓ Usa más verduras y frutas verdes en tus platillos.
- ✓ Disfruta él manjar de jugos verdes ademas de ser deliciosos son nutrientes.
- ✓ Involucrate en organizaciones ecologicas.
- ✓ Empieza tu propio movimiento verde.
- ✓ REGRESA A LO ORGANICO.
- ✓ La Vida espiritual es mas abundante en lo verde.

Ejercicio AGREGA 5 cosas, actividades, ideas que promueven LO VERDE, LO OGRANICO.

_____

_____

_____

_____

_____

LA manzana contiene CISTENIA buena
para convatir la retención de liquidos

El Poder de lo Organico

¿Qué es orgánico para ti? Escribe tu respuesta antes de seguir leyendo.

_____

_____

_____

_____

_____

_____

Para la vida en general es fundamental *lo orgánico* como ya hemos dicho sin ello no hay vida y punto.

En un publicado se dijo algo que expresa nuestro punto en en este capítulo:

✓ Además de ofrecer productos que traen beneficios para la

salud al ser humano, colabora con detener significativamente daños al medio ambiente y a la tierra de cultivo. - Gobierno de Mexico.

Él modernismo nos ha engañado con lo artificial, aun en comida, publicidad hace mucho con nuestro cerebro qué nos hacen sentir mal sí no comemos en sus restaurantes, comida rápida o todo el mundo de lo procesado.

¿Estarias dispuesto a dejar de consumir comida procesada? Por lo menos empieza a limitarla hasta que seas mas ORGANICO EN SU CONSUMO. QUE RICO ES COMERCE UNA ZANAHORA O MANZANA SIN NADA, UNA ENSALADA FRESCA, AGUA SIN NINGUN ENDULSANTE, HIERBAS, GRANOS FRESCOS.

Terrible y alguien debe alzar la voz y ponerle un alto a esta bomba atómica artificial que hemos creado y amamantado que va a destruir la existencia del humano y es triste pero las corporaciones comerciales están pagando millones para lograrlo.

✓ **La comida que comes puede ser la más poderosa forma de medicina o la forma más lenta de veneno.- Ann Wigmore.**

En el tema de la comida, nutrición es importante entender y diferenciar entre lo artificial y lo orgánico o estás fregado, enfermo y débil.

✓ La característica principal de los productos orgánicos es que su proceso de producción está libre de plaguicidas, fertilizantes químicos. Son productos libres de hormonas, antibióticos, colorantes y saborizantes artificiales... – Gobierno de Mexico

Hoy día lamentablemente a la gente no le importa él tema de la salud menos sí requiere disciplina o CAMBIOS DRASTICOS y por eso terminan muy enfermos ya qué en su mayoría comen artificial y no orgánico, lo peor es que no lo sabe.

✓ Las frutas, los vehículos y los granos etiquetados como orgánicos se cultivan sin el uso de la mayoría de los pesticidas sintéticos o de los fertilizantes artificiales. Si bien estas sustancias químicas se han considerado seguras en las cantidades utilizadas para la agricultura convencional, los expertos en salud todavía advierten sobre los posibles daños de la exposición repetida. Por ejemplo, el herbicida Roundup se ha clasificado como un «posible carcinógeno humano», y el insecticida clorpirifos se ha asociado con retrasos en el desarrollo de los lactantes. Los estudios también han sugerido que los residuos de plaguicidas pueden contribuir a la prevalencia de TDAH; también se han relacionado con la reducción de la calidad del esperma en los hombres... - Revista FORBES España.

✓ Sobre el 80% de la comida de los estantes de los supermercados en la actualidad no existían hace 100 años. - L McCleary.

Pregunta ¿que hay mas en tu casa cosas organicas, jardines naturales o cosas artificiales en especial dentro de tu casa? Eso dice que cuanto cambio necesitas en esta área.

¿Te gusta abrir las ventanas? Eso dice si eres no organico.

_____

_____

¿Qué prefieres o practicas mas luz artificial o la del sol o luna?

_____

_____

¿La ropa que usas es de algodón o lleva plástico?

_____

_____

¿Te gusta ir a parques o te fascinan los malls?

_____

_____

¿Te gusta estar entre familia y cocinar o solo o con amigos en restaurantes? Eso dice si eres orgánico o articial.

_____

_____

¿Prefieres una fruta en casa o un helado de tienda?

_____

_____

¿Puedes sentarte debajo de tus arboles de casa o parque y estar allí por horas o te fascina estar en oficinas, sofás o viendo películas?

_____

_____

_____

Él mensaje aquí es simple pero profundo debemos regresar a lo básico a LO ORGÁNICO en por lo menos 5 áreas fundamentales:

- ✓ Pensamiento
- ✓ Sentimiento
- ✓ Alimento
- ✓ Recursos
- ✓ Vida Espiritual.

Indiscutible una vida Organica o sea que ame mas la naturaleza, a sus familiares animales, que coma natural tendrá una tendencia a tener menos dolores, estrés, preocupaciones, enfermedades y estará inclinado a ser mas espiritual.

¿De 1-10 que tan espiritual eres?

_____

La vida mas organica invita a una relación con la naturaleza te hacerca mas a ti, te permite ser mas consciente con tu voz interna y esto permite ser auditivos a la voz de Dios, al Espiritu, A Jesucristo y sobre todo al amor a lo simple, esencial, básico que hace hace en todo sentido.

Fuimos creados para TENER UNA RELACION ORGANICA CON LA DEIDAD. La biblia es creada en esto. El hombre fue creado DE LA TIERRA, y DIOS SOPLO ALIENTO EN SU NARIZ. Es imposible existir sin este aliento esto es confirmado en el libro mas Antiguo y Leido en el mundo LA BIBLIA 1 Corintios 6:17, Genesis 1:26, Apocalipsis 21:2,3, Juan 15:4-5, Genesis 2:7.

Si comprendiera esto mejor la sociedad sus problemas de desesperación, SOLEDAD, estrés, adicciones y ese VACIO INTERNO QUE NO PUEDEN SOLUCIONAR LAS RELIGIONES, HOSPITALES, FARMACIAS, METODOS, PSICOLOGOS, coaches, guias espirituales seria solucionado cuando esta verdad sea degerida y aplicada en la vida del humano.

POR ESO yo creo en que nuestros santuarios deberían ser las mantañas, valles, laderas, campos, mares, ríos, jardines, sembradillos, bosques, parques, amazonas, tenemos que revolucionar este sistema que nos ha esclavizado a cuatro paredes llamadas iglesias, casas de oración, templos, parroquias, capillas y cambiar nuestra forma de ejercer la vida espiritual ya que analízalo bien esto esto agrega o quita salud en todas las direcciones.

Simplemente pregúntate: ¿donde tendrías mas paz, salud, poder mental debajo de ur árbol, en un valle, montaña, flores o en un apartamente con mas edificios a su lado, templos o en una oficina, o en un tren, o en un avión, o en un bus, o el trafico en tu auto?

Ser orgánico te lleva a una vida completa, llena, feliz, libre y abundante que nace en una vida espiritual. Por eso es que yo creo que muchos que practican yoga, meditación, mind fullnes en las ciudades, se contradicen cuando después de sus ejercicios se van a los bares a tomar alcohol, a comilonas, fiestas locas, que lógica hay en eso. Volvamos a lo orgánico y seras MAS ESPIRITUAL para funcionar FULL en todo lo que haces.

✓ No hemos de ensenar a nuestros hijos que no deben ser felices durante el sábado, que es un error salir a dar un paseo al aire libre. Oh, no. Cristo condujo a sus discípulos a la orilla del lago drante el sábado y les enseno. Sus sermones sabáticos no siempre fueron predicados entre cuatro paredes. – Conduccion del Nino pg. 506.

✓ Lejos de las ciudades. Tal es mi mensaje. Hace mucho tiempo que nuestros médicos deberían haber advertido esa necesidad. – Joyas de los Testimonios pg. 114.

Agenda, a cada cuanto saldrás a la naturaleza con la intención de tener un encuentro contigo mismo, la vida y Dios. Si mira tu agenda ahora mismo y AGENDA por minimo un año hasta que se haga un habito.

Otro punto importante que no se habla mucho es que ser orgánico te invita consumir mas local, usar lo que tienes a mano y que se produce en tu vecindario es otra de las áreas en que debe REVOLUIONAR. DI no las tiendas globales que no les importa tu salud ni la economía de tu propia gente local.

Te reto a empezar a comprar, consumir y promover los productos locales sean los que sean. Invita a otros hacer lo mismo y tendremos una vida y economía mas estable y benéfica desde el punto de lo organico. ¿TE animas? ¿Haras el cambio hoy?

Esto no solo trae beneficio a ti, sino que ayudas a pequeños negocios, contribuyes grandemente a la economía local.

Escribe cuales serán los productos que consumiras localmente:

_____

_____

_____

_____

_____

Ejercicio publica o comenta en 5 lugares sobre la importancia de apoyar los productos locales.

_____

_____

_____

_____

_____

Cuales son las tiendas que dejaras de comprar por ser globalistas, destructores de negocios locales que promueven lo organico.

_____

_____

_____

_____

_____

_____

_____

_____

_____

¿TE animas a comenzar tu propio jardín y promoverlo con otros?

_____

_____

_____

_____

_____

Pregunta, ANALIZA, ESTUDIA LAS TIENDAS y luego regresa aquí ¿Qué instituciones te gustaría apoyar que promueven la vida organica, nutricional y salud social?

_____

_____

_____

_____

_____

_____

_____

_____

_____

_____

_____

¿Has considerao ser un embajador de lo ORGANICO? EXACTO NO. POR ESO TE RETO HOY A CONSIDERARLO Y SERLO. Crea tu propia opinión y política sobre el tema. Yo LO SOY. AMO LO ORGÁNICO Y LO COMPARTO CON MILES POR MEDIO DE LIBROS, PROGRAMAS, CONFERENCIAS Y MAS.

Con libros, conferencias, programas de radio, posts, hash tags etc...

#amoservegetariano

#organico

#amoserorganico

#soyverde

#vidavegana

#soyvegetariano

#amomiplaneta

#amoarboles

#soyevangelistadesalud

#organicinfluencer

#enviromentalinfluencer

#vegetarianinfluencer

#amococinarencasa

#verde

#saludenaccion

Con mi marca Meganutricion en FB

¿Te animas a ser un embajador, evangelista, entrenador, mentor de salud, la vida organica o responsabilidad social?

Contáctame en contacto@miguelmartin.info o redes

Comiendo UNA MANZANA es como
podemos CAMBIAR EL MUNDO,
NUESTRO MUNDO

Tipos de Vegetarianos

Donde reina el amor sobran las leyes – Platón

Hay varios tipos de vegetarianos en mi observación.

1 - Los enfermos, aquellos qué a pesar de su creencia están o se ven enfermos. Estos solo comen frijoles y arroz (metafóricamente) una alimentación limitada por eso siempre debiles o palidos.

- ✓ La inteligencia consiste no sólo en el conocimiento, sino también en la destreza de aplicar los conocimientos en la práctica. – Aristoteles.

✓ Dicen y NO HACEN – Jesucristo

Lamentablemente estos individuos NO se nutren bien, aunque tienen conceptos correctos.

2 - Están aquellos completos VEGETARIANOS qué comen nutricionalmente bien y se ven bien y sobre todo están bien porque SE SIENTEN BIEN.

ESTA clase de personas no solo son COMEN BIEN, sino son ORGANICOS EN TODO, no son verticales o extremistas sino son lo que yo llamo ORGANICOS CIRCULARES YA QUE SON BALANCEADOS, cuidan y NUTREN CADA AREA DE SU VIDA.

Ellos son felices porque desicen usar este recuerso fundamental basado en la libertad, son muy inteligentes ya que usan sus facultados organicas. Espiritualmente son cuánticos ya que reconcen y usan su esencia y ella los conecta con su creador. Nunca están faltos de nada ya que son consumidores de lo básico en todo.

3 - Los exagerados todo lo qué los demás comen está mal solo ellos comen bien, pero tienen un problema por cuidar a los demás siempre están amargados y son una desgracia en este tema ya qué no motivan sino desaniman está cultura del vegetarianismo.

Aquí quiero agregar y aclarar que muchos piensan equivocadamente que porque son delgados son saludables eso es una mentira.

Mucha gente delgada sin ser vegetariana esta enferma.

Muchos vegetarianos delgados están enfermos. Muchos delgados se han muerto de mala salud.

Por lo tanto, ser delgado no garantiza salud ni la vida.

De igual manera con la gente gruesa, pasada de peso o rolliza no todos están enfermos, al contario muchos son saludables ya que tienen una constitución fuerte y grande, pero sobre todo son mas saludables.

✓ De acuerdo con la luz que Dios me ha dado, el negocio de la alimentación debe hacerse con el propósito de educar a la gente para que viva en forma saludable y económica, no por provecho financiero. Cada uno debe saber qué alimentos se adaptan mejor a sus necesidades individuales. — Carta 82, 1903. – {MM 354.1}

Yo creo que estar delgado o gordo no es fundamento para decir que uno goza de salud mas que el otro. Tema controversial pero necesario de ponerle atención y llegar a nuestras propias conclusiones.

✓ Pero los otros miembros de mi familia no comen las mismas cosas que yo. No me erijo en un criterio para ellos, sino que dejo que cada uno siga sus propias ideas acerca de qué es lo mejor para él. No ato la conciencia de ninguna otra persona a la mía. Una persona no puede ser criterio para otra en materia de alimentación. Es imposible hacer una regla para que todos la sigan. Hay algunos en mi familia que gustan mucho de las habichuelas, en tanto que para mí éstas son veneno. Nunca se coloca mantequilla en mi mesa, pero si los miembros de mi familia quieren usar un poco de ella fuera de la mesa, están en libertad de hacerlo. – Consejos sobre el Regimen Alimenticion pg. 590.

✓ Nuestra mesa se pone dos veces por día, pero si hay personas que quieren algo para comer por la tarde, no hay regla que les prohíba hacerlo. Nadie se queja o sale de nuestra mesa insatisfecho. Siempre se provee una variedad de alimentos sencillos, sanos y sabrosos.— Carta 127, 1904. – Consejos sobre el Regimen Alimenticion pg. 590.

Sin embargo, Si eres saludable tendras todo ideal el peso, la actitud, la vida, los habitos etc., y eso se FUNDAMENTE EN SALUD ORGANICA.

¿Cual, de los tres tipos de vegetariano, organico, crudista, orgánico te gustaría ser?

_____

_____

_____

EL ASESINO QUE AMA LA SOCIEDAD

REBELATE A LO ARTICIAL EN TU VIDA, EN TU COMIDA, LO PROCESADO ES UN VENENO QUE ESTA MATANDO GENTE. SI NO ME HACES CASO TU SIGUES.

¡DI NO A LO ARTIFICIAL Y PROCESADO!

SABIAS que la manzana contiene
QUERCETINA por eso ayuda con
inflamaciones entre ella la artritis

Natural No Encapsulado

¿Te gustan los productos en capsulas?

Si No mas o menos

Tenemos qué comer lo qué la naturaleza nos dio eso es cuidar la tierra que somos. Otro de los errores sociales que he visto es creer qué se come saludable solo porque se toman cápsulas de algunos vegetales o frutas una desgracia norte americana y países desarrollados.

MI Regla: Come lo qué da la tierra y no lo encapsulado lo encapsulado en algún punto es mejor que nada pero no es lo recomendable para una salud sostenible y ORGANICA.

Es una estupidez tomarte pastillas de zahahoria en lugar de comértelas. Es lo mismo con tomar jugos enbotellados del mismo. La misma regla con todo lo natural dado por la tierra como el agua, el barro, frutas o verduras especificas para la piel, hojas, hierbas, etc...

Aunque he usado o uso suplmentos nutricionales en algún momento no dependo de ellos y me alejo de ello o mas que pueda. En otras palabras, hay excepciones, pero no nos volvamos adictos a ellos cuando podemos comer o utilizar los medios o recursos dierectos. Si lleva mas tiempo, pero es mas productivo. Además, que al hacerlo evitamos utilizar toda la maquinaria que los negocios utilizar para hacer llegar una, una, una sola capsula a casa. Piénsalo tiene sentido. Por eso yo soy REBELDE, SI ASI SE

LLAMA UNO DE MIS LIBROS EN TIENDA MMEC www.miguelmartineducationcenter.c com Si no te rebelas a esto nos volvemos esclavos de otro angulo.

Sin embargo, los sistemas comerciales te enganchan en un sistema que no te da salud como lo haría lo natural directamente en tu mesa, en el campo, en el valle, en las arboleras, matas, arbustos, hierbas, plantillos, jardines, huertos, pastos, etc...

Regla de salud organica es: Tomar, comer solo suplementos cómo lo da la tierra, hacerlo de otra manera es otra forma engañosa de vivir superficialmente.

En especial en estos tiempos de enfermedades abundantes en lugar de comprar oxigeno habitua el oxigeno gratis con ejercicio e intencionalmente en las mantañas, ríos, mares, arboles y campos.

Si quieres ser orgánico asegúrate de:

- ✓ Alajerte de tecnología.
- ✓ Tomar jugos naturales no embasados y comerciales.
- ✓ Evita el uso de productos encapsulados hasta donde sea posible.
- ✓ Que tu comida tenga poco o nada de condimentos a menos que sean de tus propias hierbas.
- ✓ No compres cremas usa lo natural como papaya, aguacate, pepino etc., etc., etc,
- ✓ Evita usar pastas con muchos químicos usa la sal o pastas naturales.
- ✓ Productos de limpieza venenosas usa el vinagre o agua de cebolla.

¿Que frutas y verduras necesita tu cuerpo?

_____

_____

_____

_____

_____

¿Qué capsulas dejaras de consumir para REGRESAR A LO ORGANICO?

_____

_____

_____

_____

_____

¿Qué planta podrias sembrar en tu propia casa o que agricultores locales visitaras para usar sus productos?

_____

_____

Según investigaciones científicas al comer manzana diariamente reduce la posibilidad de cáncer del pulmón un 46%

Temperancia

¿Te enojas fácilmente? ¿Comes demás? ¿NO sabes seguir una agenda? ¿Se te dificulta evitar comer entre comidas? Vale eres intemperante.

Hoy día hay mucho desbalance en la vida. Muchos despilfarros. Demasiada pérdida de enérgias y así de la salud. ¿Por qué?, porque hay un vicio llamado intemperancia en él trabajó, en ver la TV / Películas, en él sexo, en la forma de comer, tecnología y en él descanso. Adicciones de otros angulos.

Con mucha razón se dijo:

✓ La moderación es la única regla de una vida saludable. Eso significa moderación en todas las cosas sanas. - Herbert M. Shelton.

La intemperancia crea enfermedades, este es él caminar del mundo por eso hay más gente enferma qué sana sí no me crees porque entonces funcionan los seguros de vida y seguros de salud por la trizte realidad de qué hay mucha gente enferma y peor aún los codifican a enfermarse o como dicen los agentes de seguro por sí acaso "se enferma o se muere".

- ✓ "El vivir templadamente, hace sana y rica a la gente." – anonimo

Cómo nunca antes tenemos qué volver a lo básico y una de esas cosas básicas es ser intencionalmente temperantes.

La temperancia está fundamentada y nace de leyes, principios, reglas y principios qué a muchos les hace falta.

La ley de la temperancia en los temas mencionados arriba y las hermanas de vivir en orden nos llevará a ser personas sanas y felices.

- ✓ 'El que durante su vida ha huido de los placeres y los bienes corporales como de algo extraño y funesto, que esté confiado por lo que al porvenir de su alma se refiere. El que ha amado los placeres de la ciencia y ha adornado su alma, no con una vestidura impropia, sino con aquella que más le cuadra, con virtudes tales como la templanza, la justicia, la energía, la libertad, la veracidad; este tal debe aguardar tranquilo la hora de su partida al otro mundo, como si estuviera dispuesto para emprender el viaje cuando lo ordene el destino.' – Platon

Sí a la temperancia le agregamos voluntad, estilo de vida, orgánico y emociones limpias la salud es un hecho.

Escribe las 10 areas en las que trabajaras para ser mas TEMPERANTE

_____

_____

_____

_____

_____

_____

_____

_____

_____

_____

Beneficios Generales Sociales De ser ORGANICO, Vegetarianismo, Veganismo, Crudismo.

La manzana es buena para la anemia

Beneficio humanitario SALVAR AL MUNDO DEL HAMBRE

Comer sano, comer vegetariano comer y ser oganico beneficia a la sociedad con proveerle más naturaleza, él consumo de animales mata lo natural y es destructivo para la sociedad no solo al mantenerlos sino en todo el proceso para que llegue a tu casa.

NO tendremos una sociedad si destruimos al planeta – Margaret Mead

✓ 'Un cambio global hacia una dieta vegana es vital para salvar al mundo del hambre, la escasez de combustible y los peores impactos del cambio climático", dice un informe de la ONU publicado en el diario The Guardian.' — La ONU

"La tierra provee lo suficiente para saciar las necesidades de cada hombre, pero no la avaricia de cada hombre" — Mahatma Gandi

Te unes conmigo a ser embajardor del planeta para cuidarlo.

Si te animas firma en una hoja tu nombre escribiendo que eres un EMBAJADOR del planeta.

La manzana contiene mucha vitamina C

Animales

¿SI A UN FAMILIAR LE QUITARAN LA VIDA EN TU PRESENCIA LO PERMITIRIAS? Porque si o porque no escribe

_____

_____

_____

_____

_____

_____

Ser vegetariano te lleva a amar a los animales, nuestros primeros hermanos, primos o prójimo o llámale como Quieres, PERO SON FAMILIA.

¿Sabias que ellos son mas viejos que la raza humana?

¿Alguna vez leído en Genesis 1 y 2 los orígenes de los animales?

La comunidad natural te lo agradecera al dejar de comer carne dejas de ser un asesino de animales ley qué inconscientemente se quiebra al comer carne "no mataras" – éxodo 20:19, incluye animales. ¡Deja de matar o ayudar a matar!

- ✓ 'Informa además de que la producción de carne y lácteos, representa el 70% del consumo mundial de agua dulce, el 38% del uso total de la tierra y el 19% de las emisiones mundiales de gases de efecto invernadero.' – La ONU

Tengo qué recordarte qué somos parte del reino animal y es nuestro deber protejernos.

Te invito a que te veas el documental llamado COWSPIRACY …. Llega a tus consclusiones. Ahora en youtube o por allí en google.

Gran consejo y muy valido sobre el tema por Sra White promotora de salud, sanatorios, hospitales, centros educativos y de la temperancia:

- "Vuelvan más bien al alimento sano y delicioso que fue dado al hombre en el principio, y tengan ellos mismos y enseñen a sus hijos a tener misericordia de los seres irracionales (animales) que Dios creó y puso bajo nuestro dominio." Consejos sobre el Regimen Alimenticio pg. 454,455.

Ama él reino animal del qué tu eres parte. Tienes qué recordar qué por lo tanto cuando comes carne estás matando a tu propia familia. Imagina sí fuera tu hijo, o un familiar. Solo imaginatelo por un momento. ¡Deja de consumir carnes! Entra al mundo de lo ORGANICO.

Te reto a que dejes de comer carne hoy; visita a los animales y platica con ellos recibiras NUEVA LUZ SOBRE SU EXISTENCIA Y TU SERAS MAS FELIZ.

Se encontró que 3-6 manzanas diarias
reduce el cáncer del seno un 44%

Menos gastos gubernamentales

¿Te importa como el gobierno gasta el dinero colectado de nuestros impuestos? A mi si. Deseo que a ti también.

Promover él consumo de las carnes es promover muchas enfermedades y esto incurre en gastos gubernamentales ya qué la gente se la pasa en los hospitales por las enfermedades del consumo de carnes y otras sustancias que instituciones aprueban.

DETENTE Y MIRATE EL DOCUMENTAL What a Health …. Luego sigues leyendo.

Adquiere una idea de lo que se gasta en Estados Unidos en el tema por persona.

✓ El gasto público en sanidad en Estados Unidos creció 260.128,2 millones en 2019, es decir un 4,69%, hasta 2.752.127,7 millones de euros, con lo que representó el 22,55% del gasto público total. Esta cifra supone que el gasto público en sanidad en 2019 alcanzó el 14,38% del PIB, una subida 0,08 puntos respecto a 2018, en el que fue el 14,3% del PIB. – Datos Macro

✓ En referencia al porcentaje que supone la inversión en sanidad respecto al presupuesto gubernamental (gasto público),

Estados Unidos se encuentra en el puesto 4. – Datos Macro

✓ En 2019, el gasto público per cápita en sanidad en Estados Unidos fue de 8.385 euros por habitante. En 2018 fue de 7.628 euros, luego se produjo un incremento del gasto público en sanidad por habitante del 9,92%, 757 euros por persona. En la actualidad, según su gasto público en sanidad per cápita, *Estados Unidos se encuentra en el primer lugar de la lista, lo que significa que es el país que más invierte en sanidad por habitante.* – Datos Macro

Esto no se habla ni te lo enseñarán pero es así. Promover él vegetariasmo, lo ORGÁNICO ayuda a la sociedad a ser saludable, a tener menos gastos propios POR TEMA DE ENFERMEDAD y sobre todo gubernamentales solo desde el tema de alimentación. EN otras palabras al comer mejor y promover lo orgánico el mismo gobierno se beneficiaria y que la salud evita gente enferma y esto cierra muchas muchas fugas de dinero por canales, bueno programas de salud del estado o país.

TE animarías a escribirle una carta a tu congresista, gobernador, director de salud del gobierno que promueva Lo ORGÁNICO PARA EVITAR GASTOS GUBERNAMENTALES. VAMOS ANIMATE.

SI NO ESCUCHAN POR LO MENOS LO HICISTE Y TE EMPODERRA A SEGUIR PROMOVIENDOLO. PERO QUE SI TE ESCUCHAN Y CONTIGO EMPIEZAN UN PROGRMA DE CONSCIENTIZACION ORGANICA.

El ponifenol en la manzana ayuda con la descalsificacion durante la menopausia

Medio Ambiental

¿Cuándo fue la ultima vez que pensaste cuando durara el mundo si sigue siendo extercionado con las nuevas demandas de la modernazacion? ¿Te importa a donde va tu propio hogar planeta?

¿Usas plastico continuamente? Si o No.

¿Te fascina ir en carro a cualquier parte?

¿Comes carnes o cosas procesadas TODOS LOS DIAS?

¿ALGUNA VEZ has tomado un curso sobre el medio ambiente?

¿Apoyas los programas gubernamentales sobre el tema de climático?

La tierra no es una herencia de nuestros padres, sino un préstamo de nuestros hijos. — Proverbio Iberoamericano

Producir la carne qué consume él globo es una destrucción cruel. Este tipo de comportamiento Consume faunas, agua en exceso, cereales qué necesitan los humanos directamente.

- ✓ De cualquier manera, lo primero que necesitamos es medir el impacto ambiental de los alimentos que comemos. Podemos hacerlo para diferentes cadenas de suministro de alimentos usando un método como el de la huella de carbono... CNN en español.

- ✓ 'El profesor Edgar Hertwich señala que los productos de origen animal causan más daño que la producción de minerales para la construcción tales como arena o el cemento, los plásticos o metales. La biomasa y cultivos para los animales son tan perniciosos como quemar combustibles fósiles.' — Consciencia Solidaria Argentina

Esto duplica las fuentes de alimento qué se necesitan para dar de comer tanto animales y humanos. Por eso la tierra está siendo destruida por animales y humanos.

El medio ambiente es mejor al dejar de consumir, matar, o alimentar animales cómo alimento humano. ¡Solución, Él Mundo Orgánico o Vegetariano! — Miguel Martin

✓ 'Un menú vegetariano es una forma poderosa y agradable de alcanzar una buena salud. El modo de comer vegetariano se basa en una amplia variedad de alimentos que sacian, están deliciosos y son sanos. Los vegetarianos evitan las carnes, los pescados y las aves. Quienes incluyen productos lácteos y huevos en su dieta se llaman ovo-lacto-vegetarianos. Los veganos (vegetarianos puros) no consumen carnes, pescados, aves, huevos ni productos lácteos. Aunque existe una ventaja considerable en el modelo ovo-lacto-vegetariano, las dietas veganas son las más saludables de todas, reduciendo el riesgo de un amplio abanico de problemas de salud." – La UNO

Te pido 5 cosas

- AMATE A TI MISMO
- SOLO EMPIEZA A CONSUMIR
  COSAS LOCALES
- USA DE BEBIDA MAS AGUA
- DEJA DE COMER CARNE
- ALEJATE DE LAS COSAS QUE
  REQUIEREN PROCESO PARA
  LLEGAR A TI COMIDA, ROPA,
  PETROLEO ETC...

La Manzana ayuda en la regeneración
de las células y eso es VIDA
ORGANICA

Riqueza

Quienes practican él vegetarianismo, LA VIDA ORGANICA activan una riqueza qué pocos poseen y es la salud propia. Con salud puedes hacer todo y disfrutar de todo.

No cualquier salud, es una salud consistente y sostenible que es mas importante. Ya algunos argumentan que vegetarianos se mueren, enferman o les da cáncer estoy de acuerdo con ellos, pero el % es menor que los que NO LO SON. Por lo tanto sigue siendo una razón de serlo.

✓ 'Salud es Riqueza' – Doctores Louis Ignarro y Andrew Myers.

Puedes tener dinero, amor, cosas hermanos materialmente pero sí no tienes salud no eres nada. Por eso para mi salud es él fundamento de la verdadera riqueza y no él dinero cómo enseñan los millonarios o billonadios. ¡Por eso digo una y otra vez no soy millonario, pero soy rico!

Todos los qué poseen salud, poseen riqueza en salud mental, emocional, psicologica, espiritual, fisica y entonces todo material tiene sentido y su lugar. ¡Se disfruta de verdad!

Este tipo de riqueza permite una vida personal balanceada, saludable, una familia sana emocionalmente, y la capacidad final de generar entradas económicas es abundante.

✓ La primera riqueza es salud – Emerson

El clímax de una vida rica es generar dinero, mucho dinero a su favor y ocurre y hoy después de vivir pobre *vivo rico* no solo de salud sino de dinero.

✓ La salud es un estado de completo bienestar físico, mental y social; y no solamente la ausencia de afecciones o enfermedades. — Organización Mundial de la Salud.

¿Eres abundante o estas limitado?

UNETE AL MOVIMIENTO SOY ORGANICO

WWW.MIGUELMARTINEDUCATIONCENTER.COM

WWW.MIGUELMARTIN.INFO

#amoservegetariano

#meganutricion

#organico

#amoserorganico

#soyverde

#vidavegana

#soyvegetariano

#amomiplaneta

#amoarboles

#soyevangelistadesalud

#organicinfluencer

#enviromentalinfluencer

#vegetarianinfluencer

#amococinarencasa

#verde

#saludenaccion

Con NUESTRA marca #DEREGRESOALOORGANICO Meganutricion en REDES

¿Te animas a ser un embajador, evangelista, entrenador, mentor de salud, la vida organica o responsabilidad social?

Contáctame en contacto@miguelmartin.info

Es tu HOGAR
Ama Tu Planeta

Aceptado o no la tierra es nuestro único hogar en esta vida. Por lo tanto debemos ponerla mas cuidado y amor a nuestro único hogar.

¿Como? Te comparto mis propuestas SIMPLES Y PRACTICAS, HOY PUEDES EMPEZAR A PRACTICARLAS.

- ✓ Usa una bisciplina y no un carro, bus, avión, transporte que use petróleo.
- ✓ Evita tirar y recoje basura
- ✓ Evita todo lo que usa electricidad hasta donde sea posible
- ✓ Siembra arboles
- ✓ Camina a la tienda
- ✓ Frota camino al empleo
- ✓ Si tienes que viajar lejos busca hacer carpool

- ✓ Crea un jardín
- ✓ Promueve jardines portátiles o en lugares desocupados
- ✓ Siembra y usa tus plantas en tu casa, en tu sala, en tu cocina
- ✓ Cocina en Casa deja comida rápida
- ✓ Usa bolsa de tela y no de plástico
- ✓ Deja de usar cosas desechables
- ✓ Comparte libros sobre salud
- ✓ Comarte libros sobre el medio ambiente
- ✓ Camparte libros sobre el medio climático
- ✓ Comparte libros sobre el vegetarianimo
- ✓ En lugar de comerte un animal adoptalo como mascota
- ✓ No promuevas la guerra
- ✓ Empieza a usar cosas mas naturales y no de pieles de animales

- ✓ Has ejercicio
- ✓ Toma agua y no sodas
- ✓ Banate en la ducha evita perder agua
- ✓ En tu lavandería lava solo cuando este llena la maquina
- ✓ Usa ropa de algodón y nada que contenga plástico
- ✓ Apoya todo lo que use carton y plástico reciclado
- ✓ Practica Picnics en lugar de restaurantes
- ✓ Practica acampar en lugar de lugares donde gastas mucha electricidad por estar allí
- ✓ Promueve huertos caseros

Conclusion:

Seguir alguno de los consejos, ideas, pensamientos aquí pasmados. es activar una VIDA DE IMPACTO.

Si te impacte con algo en EL libro no dudes en comentarlo o compartirlo con otros. Seria genial tenerte como embajador DE REGRESO A LO ORGANICO, VIDA DE IMPACTO.

#DEREGRESOALOORGANICO

Para el futuro catastrófico que nos espera, del que ya se han hecho análisis y pronósticos para ayudar y contribuir a salvarnos a nosotros mismos La ONU lo dijo mejor 'una alimentación vegana salvaría al mundo del hambre.'

ULTIMAS PROPUESTAS

✓ EMPIEZA UNA HUERTA EN TU CASA O EN LA CASA DE ALGUIEN

✓ SIEMBRA UN ARBOL

✓ COMPARTE ESTE LIBRO CON ALGUIEN CAMBIA UNA DESTINO

Fin

Sobre el autor

Casado, dos hijos. Vive en Dallas Texas. Autor de mas de 20 libros, conferenciante, mentor de emprendimientos mas info sobre el en www.miguelmartin.info fundador de varias organizaciones entre ellas la mas famoso #MMEC www.miguelmartineducationcenter.com

Come una MANZANA DIARIA ES LA
FORMA MAS RAPIDA Y FACIL DE SER
ORGANICO.

Asegúrate de seguirme en redes para
saber de mis últimos de libros
NUEVOS

Made in the USA
Columbia, SC
30 September 2023